장보고

장보고

이옥수 글 원혜진 그림

비룡소

궁복이는 동네에서 활을 잘 쏘기로 유명했어요. 날마다 바닷가에 나가 연습을 한 덕분이었지요.
"야, 맞혔다! 저렇게 멀리 있는 새를 맞히다니, 궁복이 형은 정말 대단해."
같은 마을에 사는 동생 정년이가 손뼉을 치며 좋아했어요. 궁복이는 별것 아니라는 듯 어깨를 으쓱했지요.

"자, 다시 한번!"

궁복이가 멀리 갯바위에 앉아 있는 새를 향해 팽팽하게 활시위를 당겼어요. 막 화살을 쏘려고 하는데 갑자기 새가 날아올랐어요. 하지만 궁복이는 빙그레 웃으며 그대로 화살을 날렸어요. 화살은 바람을 가르며 날아가 정확하게 새를 맞혀 떨어뜨렸지요.

궁복이는 남해의 작은 섬, 청해(지금의 전라남도 완도)에서 나고 자랐어요. 궁복이의 부모님은 농사도 짓고 고기잡이도 해서 궁복이를 길렀지요. 궁복이는 활쏘기와 무예 연습을 하는 틈틈이 부모님을 도왔어요.

활쏘기 연습을 마친 궁복이는 정년이의 손을 잡고 부둣가로 걸어갔어요. 그곳에서는 궁복이의 아버지와 어머니가 그물을 손질하고 있었지요.
"궁복아, 배고플 텐데 어딜 그렇게 돌아다니니? 가뭄이 심해서 큰일이구나. 마을 사람들이 모두 굶주리고 있는데……."
궁복이를 본 어머니가 말했어요.

 몇 해 전부터 궁복이네 마을은 흉년이 잦았어요. 굶주림을 참다못한 사람들은 먹을 것과 일자리를 찾아 당나라로 떠나기도 했지요.
"형, 난 쌀밥을 배부르게 먹어 보는 게 소원이야."
"걱정 마. 내가 이다음에 훌륭한 관리가 되면 우리처럼 가난한 사람들도 배불리 먹을 수 있도록 할 테니까."
 어머니와 아버지는 궁복이의 말을 듣고 깊은 한숨을 쉬었어요.

당시 신라에는 골품 제도라는 것이 있어서 귀족이 아니면 벼슬길에 나갈 수 없었어요. 하지만 궁복이의 부모님은 아들에게 실망을 안겨 줄까 봐 차마 그 말을 하지 못했지요.

몇 해가 지난 어느 날 아버지는 마음을 정하고 궁복이를 불렀어요.
"궁복아, 네가 큰 꿈을 가지고 노력하는 것을 보니 참 기특하구나. 하지만 우리 같은 평민들은 아무리 재주가 뛰어나도 벼슬길에 나갈 수가 없단다. 그러니 이제 너도 글공부나 무예 공부는 관두고 농사일과 고기 잡는 법을 배워라."
"싫어요. 농사짓고 고기를 잡으면 뭘해요. 늘 배고프게 살잖아요. 저는 꼭 관리가 되어서 가난한 사람들이 잘살 수 있는 방법을 찾을 거예요."
궁복이가 당차게 말했어요. 그런 아들의 모습을 바라보는 아버지의 두 눈에는 물기가 어렸지요.

"형, 활쏘기 하자."
"싫어."
"그럼, 우리 글공부할까?"
"싫어."

아버지의 이야기를 들은 후로 궁복이는 어깨가 축 처졌어요. 아버지 앞에서는 당당하게 꿈을 이루겠다고 했지만, 속으로는 실망이 이만저만 큰 게 아니었어요.

　궁복이는 정년이와 함께 갯바위에 올라갔어요. 넓은 바다를 바라보노라면 답답했던 가슴이 조금은 풀리는 것 같았지요.
　그때 마을 앞바다에 커다란 배 한 척이 물살을 가르며 천천히 지나갔어요. 멀리 물건을 팔러 가는 당나라 배였어요.
　"차라리 저런 배를 타고 당나라로 떠나는 게 낫지 않을까?"
　궁복이가 작게 중얼거리자 정년이가 답했어요.
　"형, 우리 당나라로 가자. 당나라에서는 누구든지 열심히 노력하면 벼슬길에 나갈 수 있대. 관리가 아니라도 장사를 해서 부자가 될 수도 있다고 했어. 나는 형이 간다면 어디든 따라갈 거야."

그날 이후 궁복이의 마음은 하루에도 몇 번씩 변했어요.

'나는 청해에서 태어나서 한 번도 다른 곳에 가 본 적이 없어. 그런데 낯선 당나라에서 잘 살아갈 수 있을까?'

궁복이는 낯선 땅에서 울고 있는 자신의 모습을 떠올리고는 얼른 고개를 저었어요.

하지만 이대로 관리가 되겠다는 꿈을 포기할 수는 없었어요.

'부모님을 떠나는 것은 두렵고 슬프지만 이렇게 주저앉을 수 없어. 아무리 어렵고 힘들어도 꿈을 이루고 말 거야. 그래, 당나라로 가자.'

마침내 궁복이는 굳은 결심을 했지요.

"아직 어린 네가 당나라에 가겠다니, 절대로 허락 못 한다. 또 그런 소리를 하면 혼쭐을 내 줄 테야."

궁복이는 부모님에게 자신의 결심을 말했지만 꾸중만 들었어요. 아버지는 궁복이가 딴생각을 하지 못하도록 농사일과 고기잡이에 데리고 다녔지요.

"궁복아, 그물을 내리려면 바람이 어느 쪽에서 불어오는지, 바람이 얼마나 센지를 알아야 한단다. 고기 떼가 어느 쪽으로 다니는지도 알아야 하고. 자, 저쪽을 보아라. 저 큰 바위를 지나면 암초가 있는데, 그 암초 사이로 물고기 떼들이 지나간단다."

아버지는 궁복이에게 고기 잡는 법을 자세히 가르쳐 주었어요.

궁복이는 아버지와 함께 고기잡이를 나갔다가 금빛 노을을 받으며 집으로 돌아오는 길이 무척 행복했어요. 하지만 포구를 드나드는 큰 배를 볼 때면 자기도 모르게 두 주먹이 불끈 쥐어졌지요.

'난 반드시 당나라로 갈 거야.'

어느덧 궁복이와 정년이는 청년이 되었어요. 궁복이는 부모님에게 이때껏 마음속에 품어 왔던 뜻을 말했어요.

"아버지 어머니, 이제 저도 다 컸으니 당나라로 가는 것을 허락해 주십시오. 반드시 훌륭한 사람이 되어 돌아오겠습니다."

아버지는 한동안 말없이 궁복이의 얼굴을 바라보다 입을 열었어요.

"그동안 네가 글공부와 무예 공부를 열심히 해 온 걸 잘 알고 있단다. 이제 네 꿈을 마음껏 펼쳐 보아라."

"고맙습니다, 아버지. 반드시 성공해서 돌아오겠습니다."

"궁복아, 어디 가든지 몸을 잘 보살펴야 한다. 몸이 건강해야 무슨 일이든 잘할 수 있단다."

어머니는 애써 눈물을 감추며 당부했지요.

궁복이와 정년이가 떠나는 날, 마을 사람들이 모두 부두에 나왔어요. 당나라로 가는 배에 오른 궁복이와 정년이는 손을 높이 흔들며 작별 인사를 했어요.
 고향 땅이 점점 멀어지자 궁복이와 정년이의 두 눈에 눈물이 고였어요.

당나라에 도착한 궁복이와 정년이는 살아갈 길이 막막했어요. 집을 떠나올 때 부모님이 준 돈은 이내 바닥이 났지요.

"힘내, 정년아, 오늘은 일자리를 구할 수 있을 거야."

"형, 이젠 정말 지쳤어. 차라리 고향으로 돌아가는 게 낫겠어."

"그럴 순 없어. 난 반드시 성공해서 돌아갈 거야!"

궁복이는 다시금 두 주먹을 불끈 쥐었어요.

궁복이와 정년이는 온종일 여기저기를 기웃거렸어요. 하지만 선뜻 일자리를 주는 사람은 없었지요.

"얏! 이얍!"

어느 날 궁복이와 정년이는 큰 대문이 있는 집에서 나는 소리에 발걸음을 멈추었어요. 분명히 무술 연습을 하는 소리였어요. 궁복이는 자기도 모르게 대문을 밀고 안으로 들어갔지요.

마당에는 열서너 명의 청년들이 목검을 들고 무술을 익히고 있었어요.

"웬 놈들이냐?"

"저, 저희는 신라에서 온 사람들입니다. 지나가다 무술 연습 하는 소리를 듣고……."

"신라 사람? 너희도 무술을 할 줄 아느냐?"

"예."

"그래? 그렇다면 어디 한번 나와 겨루어 볼 테냐?"

얼굴에 검은 턱수염이 덥수룩한 건장한 청년이 목검을 움켜잡고 앞으로 나서며 말했어요.

"조건이 있어요. 만약 제가 이기면 우리 둘을 이곳에서 먹고 자고 일할 수 있게 해 주세요."

"좋다. 어디 네놈의 실력을 한번 보자꾸나!"

궁복이는 배가 고프고 지친 데다 싸울 무기도 없었어요. 하지만 그동안 갈고닦은 궁복이의 무술 솜씨는 놀라웠어요. 몇 수 겨루지 않아서 청년이 들고 있던 목검이 땅에 떨어졌어요.

"와!"

싸움을 구경하던 청년들이 탄성을 질렀어요.

"내가 졌다. 약속대로 오늘부터 이곳에서 일해라."

궁복이와 정년이는 그곳에서 당나라 청년들에게 무술을 가르치며 부지런히 몸을 단련했어요.

얼마 후, 그간 갈고닦은 무술 실력을 빛낼 기회가 왔어요.
"정년아, 곧 큰 무술 대회가 열린대. 우리도 참가하자."
"형이나 나나 그동안 열심히 연습했으니 잘할 수 있을 거야."
궁복이와 정년이는 무술 대회에 나가기 위해서 더욱 열심히 훈련했지요.

　무술 대회 날이 되자, 당나라 각지에서 많은 사람들이 몰려와 실력을 겨루었어요. 하지만 궁복이와 정년이를 이길 수 있는 사람은 없었어요. 궁복이는 활을 쏠 때마다 목표물을 정확하게 맞혔어요. 정년이도 말을 타고 겨루는 무술 솜씨가 대단했지요.

"이번 무술 대회에서 일 등 한 사람이 신라 사람이래."

궁복이와 정년이가 무술 대회에서 우승하자 당나라 사람들은 깜짝 놀랐어요.

무술 대회에서 우승한 덕분에 궁복이와 정년이는 당나라 무령군의 무사가 되었어요. 궁복이와 정년이는 서로 부둥켜안고 기쁨의 눈물을 흘렸어요.

궁복이의 눈앞에 고향의 푸른 앞바다가 어른거렸어요. 바닷가에서 활쏘기를 하고, 갯바위에 앉아서 꿈을 다지던 때가 생각났지요. 궁복이는 그 꿈에 한발 다가선 자신이 무척 자랑스러웠어요.

궁복이는 이름을 당나라 말로 쉽게 부를 수 있도록 '장보고'라고 바꾸고 새로운 출발을 다짐했어요.

그 무렵 당나라의 산둥에서 반란이 일어났어요.

"장보고와 정년은 선봉에 서서 적들을 물리쳐라!"

대장의 명령에 장보고는 말을 타고 용감하게 달려나가 활을 쏘았어요. 정년도 창을 휘두르며 적들을 공격했지요. 적들은 장보고와 정년의 기세에 놀라 공격 한 번 제대로 못하고 벌벌 떨면서 도망쳤어요.

"장보고 만세! 정년 만세!"

싸움이 승리로 끝나자 당나라 군사들은 두 팔을 높이 들고 만세를 외쳤지요.

장보고와 정년은 공을 인정받아 무령군의 장군이 되었어요. 당시에 신라 사람이 당나라 장군이 된다는 것은 참으로 대단한 일이었지요.
　장보고와 정년이 장군이 되었다는 소식을 듣고 '신라방' 사람들은 제 일처럼 기뻐했어요. 신라방은 당나라로 건너온 신라인들이 모여 사는 마을이었어요.
　장보고와 정년은 신라방에 가서 함께 기쁨을 나누었어요.

그런데 신라방에서 장보고는 몹시 가슴 아픈 소식을 들었어요. 당나라 해적들이 신라 사람들을 납치해서 노예로 팔아넘긴다는 것이었어요.

"어떻게 그런 일이 있을 수 있단 말입니까? 당나라와 신라의 조정에서는 이 사실을 모른단 말입니까?"

"알고는 있지요. 하지만 그 넓은 바다를 오가는 수많은 배들을 어떻게 일일이 감시하겠소. 더욱이 겉으로 봐서는 어느 것이 무역선인지, 해적선인지 알 수가 없으니 말이오."

장보고는 신라방에 갈 때마다 신라 사람들이 노예로 팔려 간다는 이야기를 듣고 의분이 일었어요.

그러던 어느 날, 장보고는 신라 소년들이 밧줄에 묶인 채 끌려가는 것을 보았어요. 장보고는 참을 수가 없었어요.

"멈추시오. 이 아이들을 어디로 끌고 가는 거요?"

"노예로 팔러 갑니다."

"이 아이들은 내가 데리고 가겠소. 누구든지 맞서는 자는 이 칼이 용서하지 않을 것이오."

장보고는 허리에 찼던 칼을 높이 빼들며 소리쳤어요. 해적들은 겁이 나서 허겁지겁 달아났지요. 장보고는 아이들을 묶었던 밧줄을 풀어 주고 신라방으로 데리고 갔어요.

"이곳에 숨어 있어라. 신라로 가는 배를 알아봐서 고향으로 돌려보내 주마."

장보고는 신라방 사람들에게 아이들을 잘 보호해 줄 것을 부탁했어요.

날이 갈수록 해적들에게 잡혀 노예로 팔리는 신라 사람의 수가 점점 많아졌어요. 장보고는 끓어오르는 분을 삭일 수가 없었어요.

"나쁜 놈들, 힘없는 사람들을 잡아다가 물건처럼 돈을 받고 판다니. 이놈들을 절대 용서하지 않겠다!"

장보고는 어떻게 하면 해적들을 없앨 수 있을지 곰곰이 생각했어요.

"정년아, 내가 관리가 되려던 것은 가난하고 불쌍한 사람들을 돕기 위해서였어. 신라 사람들이 해적에게 잡혀 어려움을 당하고 있는데 나 혼자 편하게 살 수는 없구나. 나는 장군 자리를 버리고 신라방으로 가서 불쌍한 신라 사람들을 도울 생각이야. 너는 어떻게 하겠느냐?"

"형님, 저는 그동안 숱한 어려움을 이겨 내고 장군이 되었으니 여기서 멈출 수는 없습니다. 당나라 최고의 장군이 되겠습니다."

장보고와 정년은 서로 다른 꿈을 위해 헤어졌지요.

신라방에는 해적들에게 잡혀 온 사람들뿐 아니라 온갖 차별과 억울함에 고통 받는 사람들이 많았어요. 장보고는 이런 신라 사람들을 돕기로 결심했지요.
"이들을 돕기 위해서는 돈이 있어야 해. 장사를 해서 돈을 벌자. 큰돈을 벌려면 장사만 한 게 없지."

장보고는 모아 뒀던 돈으로 물건을 사들였어요. 신라에서 건너온 인삼과 먹, 종이는 당나라 사람들에게 인기가 좋아서 금방 큰돈을 벌 수 있었어요.
　장보고는 점차 먼 나라 상인들과도 거래를 했어요. 페르시아나 아라비아 상인들로부터 향료와 담요, 유리 그릇을 사서 당나라와 신라, 일본의 귀족들에게 비싼 값을 받고 팔았어요. 곧 장보고는 큰 무역선을 여러 채 가진 유명한 상인이 되었지요.

　장보고는 장사를 해서 번 돈으로 당나라 적산(지금의 중국 산둥성 룽청)에 법화원이라는 큰 절을 세웠어요.
　신라 사람들은 법화원을 중심으로 한마음이 되었어요. 함께 불공을 드리고 여러 가지 정보를 나누며 서로 도왔지요. 당나라로 유학 온 학자나 승려들도 법화원에 머물며 장보고에게 많은 도움을 받았어요.

장보고 덕분에 신라방 사람들은 똘똘 뭉쳐 잘 살게 되었어요. 하지만 해적들이 신라 사람들을 노예로 파는 일은 계속되었어요. 해적들은 무역선을 공격해 물건을 빼앗고 사람들을 죽이기까지 했지요.

　'더는 해적들을 두고 볼 수 없어. 당장 신라로 돌아가 해적들을 모조리 없애야겠어!'

　장보고는 굳은 결심을 하고 신라로 돌아갈 준비를 했어요. 신라방 사람들은 장보고와 헤어지는 것이 슬펐지만 장보고가 하려는 일을 잘 알았기 때문에 기쁘게 보내 주었지요.

828년 장보고는 오랫동안 떠나 있었던 고향으로 돌아왔어요. 가족은 물론이고 마을 사람들 모두가 장보고를 반겨 주었지요.

해적들을 잡으러 왔다는 말에 동네 어른들은 장보고의 손을 잡고 고마움의 눈물을 흘렸어요.

장보고는 바닷가를 거닐며 계획을 세웠어요.

'해적을 몰아내는 일은 나 혼자서는 할 수 없어. 씩씩한 군사들이 있어야 하고 군사들이 머물 수 있는 진영도 설치해야 해. 그러기 위해선 왕의 도움이 필요해.'

　장보고는 서라벌(지금의 경주)로 가서 왕을 만났어요.
"당나라에 있는 동안 신라 사람이 해적들에게 잡혀 노예로 팔려 가는 것을 수없이 보았습니다. 저는 청해 바닷가에서 자랐기 때문에 해적들이 다니는 길목을 잘 알고 있습니다. 저에게 해적 소탕을 맡겨 주시면 청해에 진영을 설치하여 해적들을 몰아내겠습니다."

　흥덕왕은 당나라에 다녀온 사람들에게 소문을 들어 장보고를 잘 알고 있었어요. 왕은 장보고를 믿고 일만 명의 군사를 내주었어요. 그리고 청해진 대사라는 벼슬까지 내렸지요.

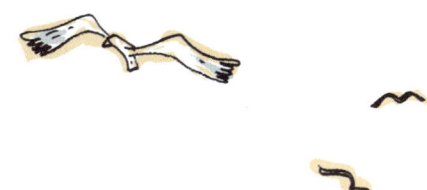

　청해로 돌아온 장보고는 바다를 향해 외쳤어요.
　"해적들아, 꼼짝 마라. 이제부터 신라의 바다는 내가 지킬 것이다!"
　그날부터 장보고는 청해 앞 작은 섬에 군대가 머물 진영을 짓기 시작했어요.
　진영을 완공한 후에는 크고 튼튼한 배를 만들었어요.
　장보고는 군사들에게 열심히 무예를 가르치고 훈련을 시켰어요.
　넓고 푸른 청해 앞바다에는 장보고가 꿈꾸던 청해진의 붉은 깃발이 드높이 휘날렸어요.

　장보고는 군사들이 모두 잠든 깊은 밤에도 홀로 청해진 망루에 서서 검은 파도가 넘실거리는 바다를 지켰어요.
　그러던 어느 날 밤, 먼바다 한 귀퉁이에서 작은 불빛이 깜빡였어요. 그 불빛은 검은 파도를 헤치고 서서히 다가왔어요. 이쪽에서 불화살을 쏘아서 신호를 보냈지만, 저쪽에서는 오히려 깜빡이던 작은 불빛마저 꺼 버렸어요. 해적이 틀림없었지요.
　"해적이다. 출동하라!"
　장보고는 우렁찬 목소리로 명령했어요.

　그러고는 재빨리 함선에 올라 쏜살같이 물살을 가르며 앞으로 나아갔어요.
　청해진 군사들이 불화살을 하늘 높이 쏘아 올리자 어둡던 하늘이 환하게 밝아졌어요.
　해적들은 순식간에 쏟아지는 화살에 우왕좌왕했어요. 그사이 청해진 군사들은 배 가장자리에 갈고리를 걸어서 잡아당긴 후 해적선에 올랐어요. 그리고 해적들을 밧줄로 꽁꽁 묶어 청해진으로 돌아왔지요.

"여봐라. 이놈들을 모두 옥에 가두어라. 나 장보고가 살아 있는 한, 다시는 해적들이 신라 땅에 발붙이지 못할 것이다!"

장보고는 끌려가는 해적들을 보면서 두 주먹을 불끈 쥐었어요.

　이후 해적들은 장보고와 청해진의 이름만 들어도 벌벌 떨고 도망쳤어요.
　이 소식은 곧 당나라와 일본으로 퍼졌어요. 그러자 많은 무역상들이 장보고를 찾아와 뱃길을 지켜 달라고 부탁했지요.

해적들이 잠잠해지고 바닷길이 안전해지자 장보고는 또 다른 꿈을 꾸었어요.
'그래, 이제는 해적들만 잡을 것이 아니라 청해진을 찾아오는 상인들과 무역을 하자.'
장보고는 신라를 거쳐 가는 무역선이 들어오면 신라의 물건과 그들이 팔러 온 물건들을 맞바꾸거나, 그들의 물건을 사 놓았다가 비싼 값에 되팔았어요. 또 일본과 당나라로 가는 물건들을 운반해 주어 이익을 남기기도 했지요.

일본과 당나라를 오가는 길목에 위치한 청해진은 자연스레 교역의 중심지가 되었어요. 장보고는 많은 돈을 벌어들였지요.
장보고는 그 돈으로 청해진의 군사들뿐 아니라 그들의 가족과 마을 사람들까지 풍족한 생활을 할 수 있도록 도왔어요.

옆 동네로 이사 가자!

"대사님, 고맙습니다. 대사님 덕분에 저희들이 배불리 먹고 잘살 수 있게 되었습니다."

사람들은 장보고에게 절을 하며 감사의 마음을 전했어요.

장보고는 어릴 때부터 꿈꾸어 오던 일을 이루게 되어 몹시 기뻤어요. 그리고 더 큰 꿈을 향해 노력했지요.

　장보고는 무역상들이 신라로 오기만을 기다리지 않았어요. 무역 사절단을 당나라와 일본에 보내 직접 물건들을 사고팔았지요.

　당시 당나라에서 나는 도자기는 신라뿐 아니라 일본, 서남아시아, 유럽에서도 인기가 좋았어요. 장보고는 당나라에서 기술을 들여와 도자기를 만들었어요. 그리고 그것을 팔아 큰 이익을 남겼어요.

점점 청해진과 무역을 하려는 사람들이 늘어났어요. 전에는 청해진을 거쳐만 가던 배들이 청해진에서 직접 거래를 하려고 모여들었지요.

청해진은 여러 나라의 상인들로 밤낮없이 북적거렸어요. 청해진을 통해서 수많은 물건들이 팔려 나갔고, 또 새로운 물건들이 들어왔어요.

장보고는 청해 사람들과 신라의 모든 사람들이 잘살 수 있도록 밤낮으로 열심히 일했지요.

이 소식은 당나라에 있는 정년에게도 전해졌어요. 몇 년 전 군대에서 나와 힘겹게 살던 정년은 장보고의 도움을 받기 위해 고향으로 돌아왔어요.

"형님은 그동안 큰일을 이룩해 놓으셨는데 저는 빈손으로 돌아오게 되어 부끄럽습니다. 이제부터라도 열심히 돕겠으니 저를 받아 주십시오."

"잘 왔다, 아우야. 이제라도 힘을 합쳐 신라를 위해 더 큰일을 하자꾸나."

장보고와 정년은 서로 부둥켜안고 기쁨의 눈물을 흘렸어요.

그즈음 흥덕왕이 죽자 신라의 조정에서는 왕족들이 서로 왕이 되려고 무섭게 싸움을 하고 있었어요.

싸움에서 진 김우징이라는 사람이 청해진으로 도망 왔어요. 김우징은 시중이라는 높은 벼슬을 했던 왕족이었어요.

"아니, 시중 어른 아니옵니까? 어쩐 일로 이런 먼 곳까지……."

"장 대사, 내가 서라벌로 돌아가 왕의 자리에 오를 수 있도록 도와주시오."

김우징은 장보고가 청해진을 세울 때 많은 도움을 준 사람이었어요. 장보고는 김우징의 청을 거절할 수가 없었지요.

장보고는 정년에게 군사 오천여 명을 내주면서 말했어요.

"정년아, 내가 청해진을 만들기까지는 시중 어른의 도움이 컸다. 군사를 이끌고 서라벌로 가서 시중 어른을 도와라. 그리하면 신라의 왕실도 바로잡고, 시중 어른이 나에게 베푼 은혜도 갚을 수 있을 것이다."

정년은 군사를 이끌고 서라벌로 달려가 김우징을 새 왕으로 세웠어요.

장보고의 도움으로 김우징은 신무왕이 되었어요. 신무왕은 크게 기뻐하며 장보고에게 한 가지 약속을 했어요.

"장 대사 고맙소. 나는 장 대사의 딸을 세자의 비로 삼아 장차 이 나라의 왕후가 되게 하는 것으로 은혜를 갚을 것이오."

"황공하옵니다. 소신의 여식을 세자의 비로 삼아 주신다니……."

신무왕의 말에 장보고는 너무나 기뻐 말을 잇지 못했지요.

그러나 신무왕은 왕이 된 지 몇 달 되지 않아 죽고 말았어요. 그 뒤를 이어 신무왕의 아들이 왕이 되었어요.

새 왕은 아버지가 장보고와 한 약속을 잊지 않았어요. 하지만 그 약속을 지킬 수는 없었어요. 모든 조정의 대신들이 평민의 딸을 왕후로 맞아들일 수 없다고 반대했기 때문이에요.

대신들은 만약 장보고가 왕후의 아버지가 된다면, 신라가 장보고의 손 안에 들어갈 수도 있다고 걱정했어요. 당시 신라 조정은 청해진의 장보고를 상대할 수 있는 군사도, 경제적 능력도 없었거든요.

대신들은 자신들의 권력을 지키기 위해서 음모를 꾸몄어요.

"우리가 안심하고 권력을 누리기 위해서는 장보고를 없애야 하오."

대신들은 염장이라는 장수를 불러서 장보고를 몰래 죽이라고 명령했어요.

청해진에 도착한 염장은 무술 솜씨를 보여 준 후 말했어요.

"대사님, 저를 부하로 삼아 주십시오. 목숨을 다하여 충성하겠습니다."

장보고는 아무 의심 없이 염장을 부하로 맞아들이고 잔치를 열었어요.

그런데 잔치가 무르익을 무렵, 갑자기 염장이 칼을 빼들고는 장보고의 가슴을 깊이 찔렀어요.

"어떻게 네 놈이……."

장보고는 더 이상 말을 잇지 못하고 쓰러졌어요.

청해진 대사 장보고는 이렇게 신라 대신들의 음모로 안타깝게 목숨을 잃고 말았어요.

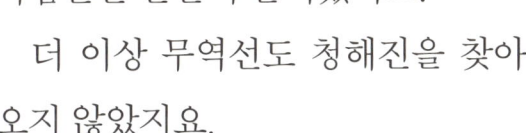

　장보고가 죽은 지 십 년 후 청해진의 군사들과 마을 사람들은 뿔뿔이 흩어졌어요.
　더 이상 무역선도 청해진을 찾아오지 않았지요.
　신라는 점점 약해지다가 고려에 멸망하고 말았어요.
　하지만 바다를 통하여 세계 무역의 길을 열고, 신라를 잘살게 하려고 했던 장보고의 큰 꿈과 열정은 푸른 바다가 있는 한 언제까지나 사람들의 마음속에 기억될 거예요.

♣ 사진으로 보는 장보고 이야기 ♣

세계적인 해상 무역왕, 장보고

9세기는 신라와 당나라, 일본 사이의 무역이 활발한 시기였어요. 그 흐름을 주도한 사람이 바로 장보고이지요. 장보고는 828년 흥덕왕 때 당나라에서 돌아와 지금의 완도인 청해에 군사 기지를 만들어 해적들을 없애고, 청해를 동아시아 최고의 국제 무역항으로 발전시켰어요. 청해는 중국과 일본을 오가는 바다의 길목에 위치해 국제 무역을 하기에 아주 좋은 곳이었지요.

신라 시대 배의 모양을 복원해 본 거예요. 신라 사람들은 배 만드는 기술과 항해술이 뛰어났어요. 장보고가 거친 바닷길을 안전하게 건널 수 있었던 것도 그 덕분이지요.

장보고 선단은 당나라와 일본을 오가며 도자기와 비단, 진주, 유리 제품, 향료 등을 사고팔아 큰 이익을 얻었어요. 나중에는 도자기를 직접 만들어 팔기도 했지요. 청해진은 점차 당나라와 일본뿐 아니라 동남아시아, 페르시아를 잇는 세계적인 해상 무역의 중심지가 되었어요.

미천한 신분으로 태어났지만 꿈을 포기하지 않고 노력한 덕에 세계적인 해상 무역왕이 된 장보고의 삶은 드라마와 뮤지컬, 다큐멘터리 등으로 만들어지기도 했답니다.

완도군에서는 매년 열리는 장보고 축제의 한 장면이에요. 장보고의 바다 무역길 탐방, 노 젓기 대회, 활쏘기 체험 등 다양한 행사를 통해 장보고의 업적을 기린답니다.

장보고의 삶을 주제로 다룬 뮤지컬의 한 장면이에요.

신라의 골품 제도

골품 제도는 신라의 독특하고 엄격한 신분 제도예요. 신라 사람들은 태어나면서부터 성골과 진골, 육두품, 오두품, 사두품, 삼두품, 이두품, 일두품이라는 등급으로 나뉘지요. 골품 등급에 따라 올라갈 수 있는 관직이 정해졌고, 옷 색깔과 집의 크기도 달랐어요. 관리가 되려면 사두품 이상이어야 했고, 진골이 아니면 높은 자리에는 올라갈 수도 없었지요.

반면에 당나라는 신분제가 있긴 했지만 신라보다는 훨씬 개방적인 사회였어요. 능력만 있으면 신분이나 국적에 상관없이 시험을 통해 관직에 나갈 수 있었지요. 평민 출신이었던 장보고는 신라에서는 관직에 나갈 수 없었기 때문에 당나라로 떠나야만 했어요.

당나라의 신라인들

장보고가 태어나 활동했던 신라 후기는 정치적으로나 경제적으로 혼란한 시기였어요. 거듭되는 흉년으로 백성들은 가난해져 가는데, 중앙 정부에서는 귀족들 간의 왕권 다툼이 끊이지 않아 민란과 반란이 자주 일어났지요. 먹고살기 힘들어진 신라 사람들은 일자리를 찾아 당나라로 떠나기도 했어요.

당시 당나라에는 일자리를 찾아온 사람들뿐 아니라 유학 온 학자와 승려들도 많았어요.

신라 사람들은 산둥 반도와 강가, 해안가를 중심으로 곳곳에 '신라방'이라는 마을을 이루어 모여 살았어요. 신라방 사람들은 '신라소'라는 자치 기관을 운영하며 자신들의 일을 스스로 결정하

장보고가 세운 법화원이에요.

고 처리했어요. '신라원'이라는 절을 세워 서로 돕고 살았고요.

신라원 중에 가장 유명한 곳이 바로 장보고가 세운 '법화원'이에요. 법화원은 여기 저기 흩어져 살던 신라 사람들을 하나로 뭉치게 만들었지요. 법화원은 신라 사람들의 정신적인 중심지였을 뿐 아니라 청해진과 더불어 장보고의 바다 무역 중심지였지요.

법화원 앞에 있는 장보고 동상이에요. 높이가 팔 미터에 무게가 육 톤에 달해요.

우리나라 최초의 도자기

도자기는 예로부터 인기가 많은 상품이었어요. 당나라 때 유행한 해무리굽 도자기는 바닷길을 통해 신라, 일본뿐 아니라 인도, 터키, 이집트 등에까지 팔려 나갔지요. 그래서 이 바닷길을 '도자기길'이라고 부르기도 한답니다.

장보고는 당나라의 도자기를 들여와 신라와 일본에 파는 데 그치지 않고, 기술을 도입해 강진과 해남 등지에서 직접 도자기를 만들어 팔았어요. 이 도자기가 바로 우리나라 최초의 도자기였지요. 우리의 자랑인 고려청자는 이 도자기를 발전시켜 만든 거랍니다.

강진과 해남 등에서 발견된 도자기 파편이에요. 받침 굽 모양이 해의 둘레에 둥글게 나타나는 해무리를 닮았다 하여 해무리굽 도자기라 불렸어요.

바다의 신

장보고의 어렸을 때 이름은 궁복이었어요. 정확하게 언제, 어디에서 태어났는지, 어린 시절은 어땠는지에 대해서는 거의 알려진 게 없어요. 당나라로 건너간 시기와 무령군 장군이 된 시기도 여러 자료를 통해 추측할 뿐이지요. 지금은 해상왕, 무역왕이라 불리며 많은 존경을 받는 장보고지만 제대로 된 기록이 남아 있지 않은 거예요.

장보고는 일본에서 바다의 신, 부의 신으로 존경을 받았다고 해요. 역사적 가치가 높은 기행기 『입당구법순례행기』를 쓴 일본 승려 엔닌 덕분이지요. 엔닌은 십여 년 동안 당나라를 오가며 장보고에게 많은 도움을 받았어요. 엔닌은 일본에 돌아가 '적산 선원'이라는 절을 세우고, 장보고라고 추측되는 명신상을 만들어 제사를 지내며 존경과 고마움의 뜻을 전했지요.

엔닌이 일본으로 돌아갈 때 타고 갔던 무역선을 그린 그림이에요. 엔닌이 당나라와 일본을 오가면서 쓴 일기인 『입당구법순례행기』엔 장보고와 그가 세운 법화원의 도움이 없었다면 일본으로 안전하게 돌아가기 어려웠을 거라고 쓰여 있어요.

함께 보면 쏙쏙 이해되는 역사

◆ 790년경
청해(지금의 전라남도 완도)에서 태어난 것으로 추측됨.

◆ 813년경
정년이와 함께 당나라로 건너감.

790 — **810**

• 816년
신라의 요청으로 당나라가 신라인을 노비로 사고파는 행위를 금지함.

◆ 835년경
청해진을 동아시아 최대의 무역 기지로 만듦.

◆ 846년
염장에게 암살당함.

830 — **840**

• 836년
흥덕왕이 세상을 떠남.

• 839년
김우징이 장보고의 도움으로 왕위에 올라 신무왕이 됨.

◆ 장보고의 생애
● 신라 후기의 역사

◆ 821년경
무령군을 나와 장사를 시작했고, 적산에 법화원을 세움.

◆ 828년
신라로 돌아와 청해진을 설치함.

820　　　　　　　　825

● 826년
흥덕왕이 왕위에 오름.

850~

● 851년
나라에서 청해진을 없앰.

추천사

「새싹 인물전」을 펴내면서

　요즈음 아이들에게 '훌륭한 사람'이 누구냐고 물으면 '돈 많이 버는 사람'이라고 대답한다고 합니다. 초등학생의 태반은 가수나 배우가 되고 싶어 하고요. 돈 많이 버는 사람이나 연예인이라는 직업이 나쁘다는 것이 아니라, 아이들이 각자가 갖고 있는 재능과는 상관없이 모두 똑같은 꿈을 갖는 것 같아 걱정입니다. 또 한편으로는 아이들이 진정 마음으로 닮고 싶은 사람에 대한 정보가 부족한 것은 아닌가 하는 생각도 듭니다.

　어릴수록 위인 이야기의 힘은 큽니다. 아직 어리고 조그마한 아이들은 자신이 보잘것없다고 생각하고 위인들의 성공에 감탄합니다. 하지만 그네들에게는 끝없이 열린 미래가 있습니다. 신화처럼 빛나는 위인들의 모습은 아이들에게 훌륭한 역할 모델이 되고, 그런 삶을 살기 위해 무엇을 어떻게 해야 할지를 알려 주는 밝은 등대가 됩니다.

　그렇다면 우리가 어른으로서 아이들에게 권해야 할 위인전은 무엇일까요? 보통 우리가 생각하는 '위인'은 훌륭한 업적을 남긴

위대한 사람, 멋지고 능력 있는 사람입니다. 하지만 시대가 변했으니 아이들이 역할 모델로 삼을 수 있는 위인의 정의나 기준도 변해야 할 것입니다.

그런 의미에서 비룡소의 「새싹 인물전」은 종래의 위인전과는 다른 점이 많습니다. 시리즈 이름이 '위인전'이 아닌 '인물전'이라는 데 주목하기 바랍니다. 「새싹 인물전」은 하늘에서 빛나는 위인을 옆자리 짝꿍의 위치로 내려놓습니다. 만화 같은 친근한 일러스트는 자칫 생소할 수 있는 옛사람들의 이야기를 일상에서 만날 수 있는 재미있는 사건처럼 보여 줍니다.

또 하나, 「새싹 인물전」에는 위인전에 단골로 등장하는 태몽이나 어린 시절의 비범한 에피소드, 위인 예정설 같은 과장이 없습니다. 사실 이런 이야기들은 현대를 사는 아이들에게는 황당하고 이해하기 힘든 일일 뿐입니다. 그보다는 천 리 길도 한 걸음부터, 큰 성공도 자잘한 일상의 인내와 성실함이 없었다면 이루어질 수 없었다는 것을 알려 주는 것이 중요합니다. 세상 사람들의 우러름을 받는 이들도 여느 아이들과 같은 시절을 겪었음을 보여 줌으로써, 아이들에게 괜한 열등감을 주지 않고 그네들의 모습을 마음속에 담을 수 있도록 해 주는 것입니다.

 덧붙여 위인전이란 그 인물이 얼마나 훌륭한 업적을 남겼는가 보여 주는 것도 중요하지만, 얼마나 참된 인간다움을 보였는가를 알려 줄 필요도 있습니다. 여기서 '인간다움'이란 기본적인 선함과 이해심, 남을 위해 봉사할 수 있는 사랑과 배려, 그리고 한 가지 목표를 설정하고 앞으로 나아갈 수 있는 의지와 용기를 말합니다. 성취라는 결과보다는 성취하기 위한 과정을 보여 주고, 사회적인 성공보다는 한 인간으로서 얼마나 자기 자신에게 철저하고 진실했는지를 보여 주는 것이 중요하다는 것입니다.

 하지만 아무리 좋은 가르침도 사랑과 따뜻함이 없으면 억누름과 상처가 될 뿐이겠지요.「새싹 인물전」은 나의 노력과 의지에 따라 얼마든지 의미 있는 삶을 살 수 있음을 알려 줍니다. 내가 알고 있는 삶 외에도 또 다른 삶이 존재할 수 있다는 것, 꿈을 키우고 이루어 가는 과정에서 배우고 경험하게 되는 것들의 가치, 그런 따뜻함을 담고 있는 위인전입니다. 부디 이 책이 삶의 첫발을 내딛는 아이들에게 좋은 길잡이가 되었으면 하는 바람입니다.

| 기획 위원
| 박이문(전 연세대 교수, 철학)
| 장영희(전 서강대 교수, 영문학)
| 안광복(중동고 철학 교사, 철학 박사)

● 사진 제공

62~63쪽_ 장보고 기념관. 65~66쪽_ 연합 뉴스. 67쪽_ 거제 대학교 사이버 조선 박물관.

글쓴이 이옥수
고려 대학교에서 문학 박사 학위를 받았으며 아동 청소년 문학 작가로 활동하고 있다. 지은 책으로는 『아빠 업어 줘』, 『똥 싼 할머니』, 『내 친구는 천사병동에 있다』, 『엄마랑 둘이서』 등이 있다.

그린이 원혜진
만화를 인생의 교과서로 삼고 어린 시절을 보냈다. 『이어달리기』의 「몸살」 편으로 만화가의 길에 들어섰고, 『아! 팔레스타인』으로 부천 국제 만화 대상 어린이 상을 받았다. 그린 책으로 『책으로 집을 지은 악어』, 『프랑켄슈타인과 철학 좀 하는 괴물』, 『어밀리아 에어하트』, 『개들의 별 바온 행성』 등이 있다.

새싹 인물전
015

장보고

1판 1쇄 펴냄 2009년 3월 4일   1판 13쇄 펴냄 2020년 5월 22일
2판 1쇄 펴냄 2021년 5월 28일   2판 2쇄 펴냄 2022년 5월 30일

글쓴이 이옥수   그린이 원혜진
펴낸이 박상희   편집장 전지선   편집 이지은   디자인 박연미, 지순진
펴낸곳 (주)비룡소   출판등록 1994.3.17. (제16-849호)
주소 06027 서울시 강남구 도산대로1길 62 강남출판문화센터 4층
전화 영업 02)515-2000 팩스 02)515-2007 편집 02)3443-4318, 9   홈페이지 www.bir.co.kr
제품명 어린이용 각양장 도서   제조자명 (주)비룡소   제조국명 대한민국   사용연령 3세 이상

ⓒ 이옥수, 원혜진, 2009. Printed in Seoul, Korea

ISBN 978-89-491-2895-5 74990
ISBN 978-89-491-2880-1 (세트)

「새싹 인물전」 시리즈

- 001 **최무선** 김종렬 글 이경석 그림
- 002 **안네 프랑크** 해리엇 캐스터 글 헬레나 오웬 그림
- 003 **나운규** 남찬숙 글 유승하 그림
- 004 **마리 퀴리** 캐런 월리스 글 닉 워드 그림
- 005 **유일한** 임사라 글 김홍모·임소희 그림
- 006 **윈스턴 처칠** 해리엇 캐스터 글 린 윌리 그림
- 007 **김홍도** 유타루 글 김홍모 그림
- 008 **토머스 에디슨** 캐런 월리스 글 피터 켄트 그림
- 009 **강감찬** 한정기 글 이홍기 그림
- 010 **마하트마 간디** 에마 피시엘 글 리처드 모건 그림
- 011 **세종 대왕** 김선희 글 한지선 그림
- 012 **클레오파트라** 해리엇 캐스터 글 리처드 모건 그림
- 013 **김구** 김종렬 글 이경석 그림
- 014 **헨리 포드** 피터 켄트 글·그림
- 015 **장보고** 이옥수 글 원혜진 그림
- 016 **모차르트** 해리엇 캐스터 글 피터 켄트 그림
- 017 **선덕 여왕** 남찬숙 글 한지선 그림
- 018 **헬렌 켈러** 해리엇 캐스터 글 닉 워드 그림
- 019 **김정호** 김선희 글 서영아 그림
- 020 **로버트 스콧** 에마 피시엘 글 데이브 맥타가트 그림
- 021 **방정환** 유타루 글 이경석 그림
- 022 **나이팅게일** 에마 피시엘 글 피터 켄트 그림
- 023 **신사임당** 이옥수 글 변영미 그림
- 024 **안데르센** 에마 피시엘 글 닉 워드 그림
- 025 **김만덕** 공지희 글 장차현실 그림
- 026 **셰익스피어** 에마 피시엘 글 마틴 렘프리 그림
- 027 **안중근** 남찬숙 글 곽성화 그림
- 028 **카이사르** 에마 피시엘 글 레슬리 뷔시커 그림
- 029 **백남준** 공지희 글 김수박 그림
- 030 **파스퇴르** 캐런 월리스 글 레슬리 뷔시커 그림
- 031 **유관순** 유은실 글 곽성화 그림
- 032 **알렉산더 벨** 에마 피시엘 글 레슬리 뷔시커 그림
- 033 **윤봉길** 김선희 글 김홍모·임소희 그림
- 034 **루이 브라유** 테사 포터 글 헬레나 오웬 그림
- 035 **정약용** 김은미 글 홍선주 그림
- 036 **제임스 와트** 니컬라 백스터 글 마틴 렘프리 그림
- 037 **장영실** 유타루 글 이경석 그림
- 038 **마틴 루서 킹** 베르나 윌킨스 글 린 윌리 그림
- 039 **허준** 유타루 글 이홍기 그림
- 040 **라이트 형제** 김종렬 글 안희건 그림
- 041 **박에스더** 이은정 글 곽성화 그림
- 042 **주몽** 김종렬 글 김홍모 그림
- 043 **광개토 대왕** 김종렬 글 탁영호 그림
- 044 **박지원** 김종광 글 백보현 그림
- 045 **허난설헌** 김은미 글 유승하 그림
- 046 **링컨** 이명랑 글 오승민 그림
- 047 **정주영** 남경완 글 임소희 그림
- 048 **이호왕** 이영서 글 김홍모 그림
- 049 **어밀리아 에어하트** 조경숙 글 원혜진 그림
- 050 **최은희** 김혜연 글 한지선 그림
- 051 **주시경** 이은정 글 김혜리 그림
- 052 **이태영** 공지희 글 민은정 그림
- 053 **이순신** 김종렬 글 백보현 그림
- 054 **오드리 헵번** 이은정 글 정진희 그림
- 055 **제인 구달** 유은실 글 서영아 그림
- 056 **가브리엘 샤넬** 김선희 글 민은정 그림
- 057 **장 앙리 파브르** 유타루 글 하민석 그림
- 058 **정조 대왕** 김종렬 글 민은정 그림
- 059 **나폴레옹 보나파르트** 남찬숙 글 남궁선하 그림
- 060 **이종욱** 이은정 글 우지현 그림

061 **박완서** 유은실 글 이윤희 그림
062 **장기려** 유타루 글 정문주 그림
063 **김대건** 전현정 글 홍선주 그림
064 **권기옥** 강정연 글 오영은 그림
065 **왕가리 마타이** 남찬숙 글 윤정미 그림
066 **전형필** 김혜연 글 한지선 그림

* 계속 출간됩니다.